Volker Teich / Winfried Dalferth

# Der evangelische Gottesdienst in Württemberg

calwer

# Geleitwort

Gottesdienste sind heilsame Unterbrechungen unseres Alltags. Jeder Mensch braucht Pausen, um sich zu erholen. Was für den Körper selbstverständlich ist, gilt aber auch für unsere Seele. Der Gottesdienst am Sonntagmorgen – oder zu einer anderen Zeit – ist eine solche heilsame Unterbrechung. Hier müssen wir nichts leisten oder vollenden, sondern wir dürfen uns ansprechen lassen von Gottes Zuwendung. Gott dient uns, wir dienen Gott – so steht es in meinem Konfirmationsheft aus alten Zeiten. Dieser Satz hat nichts von seiner Wahrheit verloren.

Freilich geht es auch im Gottesdienst nicht ohne Regeln, ohne einen Ablauf, ohne Formen. Es ist gut, wenn wir Geschichte, Abläufe, Regeln verstehen. Bei aller Vielfalt von Gottesdienstformen, die es in der weltweiten Kirche gibt, sind einige Grundgeschehnisse fast überall gleich. Das Hören auf Gottes Wort, das Loben, das Beten. Solche gleichbleibenden Abläufe helfen dazu, uns schnell zurechtzufinden. Was vertraut ist, schafft Beheimatung: Ich weiß, was nacheinander kommt, wann ich aufstehen soll und wann man sitzt. Deshalb kann ich mich ganz auf den Inhalt konzentrieren, mich öffnen für Gott und für meine Mitchristen. Das ist der Sinn eines Gottesdienstablaufes, „einer geübten Liturgie".

Unsere württembergische Gottesdienstordnung ist vergleichsweise einfach und geradlinig. Dennoch birgt sie Raum für Entdeckungen. Manches wird auch noch einmal ganz neu ansprechend, wenn man die Hintergründe kennt. Deshalb bin ich den Verfassern dankbar für ihre kenntnisreiche und gut lesbare Vorstellung unseres Gottesdienstes.

Ich wünsche der Veröffentlichung viele begeisterte Leserinnen und Leser und grüße Sie alle – gerade im „Jahr des Gottesdienstes" – mit der Verheißung aus Jesaja 55,11: „Das Wort, das aus meinem Munde geht, wird nicht wieder leer zu mir zurückkommen, sondern wird tun, was mir gefällt."

Dr. h.c. Frank Otfried July
Landesbischof

## Inhalt

| | |
|---|---|
| Geleitwort | 2 |
| Einführung | 4 |
| Geschichte | 6 |
| **I. Eröffnung und Anrufung** | |
| 1. Läuten der Glocken | 8 |
| 2. Stehen vor Gott | 9 |
| 3. Musik zum Eingang | 10 |
| 4. Eingangslied | 11 |
| 5. Eingangswort (Votum) | 12 |
| 6. Wochenspruch | 13 |
| 7. Psalmgebet | 14 |
| 8. Eingangsgebet und Stilles Gebet | 16 |
| **II. Verkündigung und Bekenntnis** | |
| 9. Schriftlesung | 18 |
| 10. Glaubensbekenntnis | 20 |
| 11. Wochenlied | 21 |
| 12. Predigttext | 22 |
| 13. Predigt | 23 |
| 14. Lied nach der Predigt | 24 |
| **III. Fürbitte und Sendung** | |
| 15. Fürbittengebet | 25 |
| 16. Vaterunser | 26 |
| 17. Schlusslied | 28 |
| 18. Abkündigungen | 29 |
| 19. Segen | 30 |
| 20. Nachspiel | 31 |
| 21. Opfer/Kollekte | 32 |
| Nach dem Gottesdienst | 33 |
| **Die Sakramente** | |
| Die heilige Taufe | 34 |
| Das heilige Abendmahl | 36 |
| Begriffe | 38 |
| Kirchenjahr | 40 |

# Einführung

Wer die Schorndorfer Stadtkirche betritt, sieht sofort das Fenster, das die Künstlerin Ada Isensee gestaltet hat. Die wunderschönen, warmen Farben nehmen den Blick gefangen. Das Fenster stellt eine Geschichte aus dem Alten Testament dar: Mose kommt in der Wüste zu einem Dornbusch, der brennt, ohne zu verbrennen. Gottes Stimme spricht zu Mose aus dem Busch. Mose kniet vor dem brennenden Busch. Ada Isensee hat Engelwesen mit zarten Farben in diesen Busch gemalt als Kennzeichen für die Gegenwart Gottes: Hier redet der lebendige Gott und stellt sich selber vor. Die Künstlerin nannte ihr Fenster: „Das Gespräch zwischen Himmel und Erde."

Ist es nicht genau das, was in einem Gottesdienst geschieht? Martin Luther hat dieses Gespräch zwischen Himmel und Erde einmal so beschrieben: Gott „redet durch sein heiliges Wort", und die Gemeinde antwortet „mit ihrem Gebet und Lobgesang".

Der Gottesdienst wird jeden Sonntag in allen evangelischen Kirchen Württembergs nach einem gleichbleibenden Ablauf (Liturgie) gefeiert, zum Teil mit den Sakramenten Taufe und Abendmahl. Die meisten liturgischen Teile sind sehr alt und gehen oft bis auf die Anfänge der Christenheit zurück! Hinter jedem Detail steckt eine Absicht, die zum tieferen Verstehen des Gottesdienstes beiträgt. Es lohnt sich, die einzelnen Gottesdienstteile und ihre Bedeutung näher kennen zu lernen. Menschen begegnen im Gottesdienst Gott. Gott dient uns durch sein Wort. Er ruft uns zum Glauben, stärkt uns in der Nachfolge und tröstet uns im Leid. Im Gottesdienst bekommen wir das zugesprochen, was uns sonst in der ganzen Welt nirgends gesagt wird, was wir uns auch selbst nicht sagen können: dass Gott uns in Jesus Christus vergibt, uns als seine Kinder annimmt und uns unendlich liebt.

Ada Isensee hat dies in ihrem Fenster durch den hellen gelben Strahl, der von oben das Fenster durchzieht, dargestellt. Auf diesem Strahl sind die Worte aus Offenbarung 1,8 zu lesen: „Ich bin das A und das O, der Anfang und das Ende, spricht Gott, der Herr, der da ist und der da war und der da kommt, der Allmächtige". Gott redet uns an. Er zeigt sich als der Lebendige, der unser Leben gestalten will.

Dürfen wir Sie mitnehmen, um mit Ihnen zusammen den Gottesdienst und seine Liturgie zu betrachten? Es gibt Vieles zu entdecken.

*Ihre*
*Volker Teich*
*Dr. Winfried Dalferth*

# Kurze Geschichte des württembergische[n]

Der christliche Gottesdienst entwickelte sich aus dem Synagogengottesdienst der jüdischen Gemeinde heraus und entfaltete sich zum Teil in bewusster Abgrenzung zu den Feiern in heidnischen Tempeln. Durch sein Bekenntnis zu Jesus Christus bekam er seine eigene Mitte. Im Unterschied zum jüdischen Gottesdienst wird er immer Sonntag morgens gefeiert zur Erinnerung an die Auferstehung Christi: Jeder Sonntagsgottesdienst ist ein kleines Osterfest.

In der Evangelischen Landeskirche in Württemberg feiern wir den Gottesdienst in einer schlichten Form. Wer aus Bayern oder Niedersachsen kommt, vermisst die liturgischen Wechselgesänge zwischen Pfarrer/in und Gemeinde. Das hängt mit der Reformation zusammen.

Martin Luther legte seiner Gottesdienstreform die katholische Messe zugrunde und führte Deutsch als gottesdienstliche Sprache ein. Wechselgesänge blieben dadurch erhalten.

Matthäus Alber, Reformator der Freien Reichsstadt Reutlingen, legte seiner Gottesdienstreform jedoch den mittelalterlichen Wortgottesdienst zugrunde.

Bei der Reformation des Herzogtums Württemberg wurde diese schlichte Form übernommen. Der Gottesdienst in Württemberg konzentriert sich so auf Predigt, Gebet und Lied.

Es gab liturgisch gesehen dürre Zeiten in Württemberg. Ein einziges Lied, ein paar Verse zu Beginn und einige am Ende des Gottesdienstes, eine lange Predigt, meist 45 Minuten, und ein Gebet, das mit dem Vaterunser abschloss, waren die ganze Liturgie. Und doch konnte es in diesen dürren Zeiten geschehen, dass begnadete Prediger wie Johann Jakob Andreae, Johann Albrecht Bengel, Friedrich Christoph Oetinger und Ludwig Hofacker weit über unsere Kirche hinaus durch diesen Gottesdienst wirkten.

Erst im vergangenen Jahrhundert wurde die Liturgie wieder reicher. Zunächst wurde eine Schriftlesung eingeführt, dan[n] wurden mehr Lieder gesungen. Der Altar gewann neben der Kanzel an Bedeutung. Das Amen wurde gesungen und schließlich, am Ende des letzten Jahrhunderts, wurde das Psalmgebet mit dem gesungenen „Ehr sei dem Vater" eingeführt.

Die Bilder oben zeigen Martin Luther und den Nachdruck seiner deutschen Bibelübersetzung aus dem 16. Jh.

In der Stiftskirche Stuttgart predigte schon der Reformator Johannes Brenz.

# I. Eröffnung und Anrufung

Wir betreten die Kirche und stellen uns darauf ein, Gottes Botschaft zu hören.

## 1. Läuten der Glocken

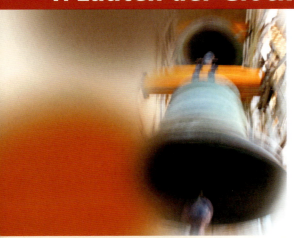

> ■ *Alle, die ihr durstig seid, kommt her zum Wasser! Und die ihr kein Geld habt, kommt her, kauft und esst! Kommt her und kauft ohne Geld und umsonst Wein und Milch!*
>
> *Jesaja 55,1*

Wenn sonntags die Glocken läuten, weiß der ganze Ort: Jetzt wird zum Gottesdienst eingeladen. Meistens läuten sie eine halbe Stunde vor Gottesdienstbeginn zum ersten Mal, und dann unmittelbar zum Beginn. Natürlich hat das einen ganz praktischen Sinn: Wer den Gottesdienst besuchen will, weiß mit dem ersten Läuten, wann er sich „zu richten" hat – und wer zur Kirche unterwegs ist, weiß: Solange die Glocken noch läuten, komme ich pünktlich an. Wie lange die Glocken läuten, hängt von der einzelnen Gemeinde ab.

Aber wenn die Glocken läuten, ist damit noch mehr ausgesagt: Der Gottesdienst ist öffentlich – alle sind eingeladen, deshalb wird er auch allen bekannt gemacht.

Die meisten Glocken haben Inschriften, z.B. „Vivos voco": „Ich rufe die Lebenden". Gott lädt durch sie ein, sein Wort zu hören.

Das Ulmer Münster hat den höchsten Kirchturm der Welt mit einer Höhe von 161,53 Metern.

## 2. Stehen vor Gott

Wer einen Gottesdienst besucht, muss erst einmal ankommen – im doppelten Sinn des Wortes. Um sich dafür Zeit zu nehmen, kommen manche Gottesdienstbesucher schon zu Beginn des Läutens, genießen die besondere Atmosphäre und verbringen stille Zeit mit Gott.

Viele, besonders ältere Kirchen, erleichtern es, sich auf den Gottesdienst einzustellen. Wenn man über die Schwelle geht, scheint man in einer anderen Welt zu sein. Es ist zu spüren: Dies ist ein besonderer Ort.

Während des Gottesdienstes benötige ich ein Gesangbuch. Manche bringen ihr eigenes mit, es liegen jedoch auch genügend bereit. In manchen Kirchen verteilt die Mesnerin oder ein Kirchengemeinderat die Gesangbücher am Eingang, oder man nimmt sich selbst eines aus dem Regal.

Ich suche mir einen Platz. Bevor ich mich setze, halte ich im Stehen noch einen Augenblick inne, vielleicht verbunden mit einem kurzen Gebet wie: „Mach mich frei vom Lärm des Alltags und lass mich deine Stimme hören." Jetzt bin ich vollends „angekommen".

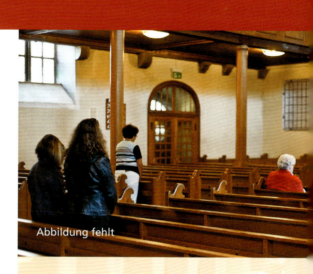
Abbildung fehlt

*Wie lieb sind mir deine Wohnungen, Herr Zebaoth! Meine Seele verlangt und sehnt sich nach den Vorhöfen des Herrn; mein Leib und Seele freuen sich in dem lebendigen Gott.*

*Der Vogel hat ein Haus gefunden und die Schwalbe ein Nest für ihre Jungen – deine Altäre, Herr Zebaoth, mein König und mein Gott. Wohl denen, die in deinem Hause wohnen; die loben dich immerdar.*

*Psalm 84,1–5*

# 3. Musik zum Eingang

Die Orgel der Johanneskirche Crailsheim hat wie viele alte Orgeln ein kunstvoll verziertes Gehäuse.

■

*Halleluja! Lobet Gott in seinem Heiligtum, lobet ihn in der Feste seiner Macht!*
*Lobet ihn für seine Taten, lobet ihn in seiner großen Herrlichkeit!*
*Lobet ihn mit Posaunen, lobet ihn mit Psalter und Harfen!*
*Lobet ihn mit Pauken und Reigen, lobet ihn mit Saiten und Pfeifen!*
*Lobet ihn mit hellen Zimbeln, lobet ihn mit klingenden Zimbeln!*
*Alles, was Odem hat, lobe den Herrn! Halleluja!*

*Psalm 150*

Musik gehört zum Gottesdienst, seit er gefeiert wird. Schon im Alten Testament werden z.B. in Psalm 150 die unterschiedlichsten Blas-, Saiten- und Rhythmusinstrumente genannt, die im Gottesdienst zum Einsatz kamen. Beim Lob Gottes ist jedes Instrument willkommen.

In unseren Kirchen ist das klassische Instrument die Orgel. Das war nicht von Anfang an so. In den ersten Jahrhunderten des christlichen Gottesdienstes sangen die Menschen ohne Instrumentenbegleitung. Damit grenzten sie sich von der antiken Tempelmusik mit ihrer Instrumentenvielfalt ab, die oftmals rhythmische und ekstatische Elemente enthielt.

Die Orgel setzte sich nur langsam durch. Erst im 14. und 15. Jahrhundert wurde es üblich, die bedeutenden Stadtkirchen und größere Klosterkirchen im Abendland mit Orgeln auszustatten. Heute gibt es kaum eine Kirche ohne Orgel. Doch auch viele andere Instrumente tragen zu einem musikalischen Lob Gottes bei: Piano, Keyboard, Posaune, Gitarre, Flöte ... hinzu kommen die unterschiedlichsten Chöre.

So hilft Musik, die Herzen auf Gott hin auszurichten.

## 4. Eingangslied

Dem Vorspiel folgt meist ohne Ansage das erste gemeinsam gesungene Lied. Auch dieser Brauch hat eine symbolische Bedeutung: In der Kirche ist meine Stimme gefragt. Ich bin nicht passiver Zuschauer einer Feier, die zelebriert wird. Ich bin mittendrin – beteiligt.

Im gemeinsamen Singen erfahre ich, was Gemeinde ist. Ich muss keine Gesangsausbildung vorweisen. Ich darf so schwach bzw. so stark singen, wie es geht. Menschen sind um mich, mit ihren Schwächen und Stärken. Mein nicht immer vollkommener Gesang ist getragen von den Stimmen der anderen. Sie stützen mich, korrigieren mich – und umgekehrt! Auch ich trage mit meiner Stimme und ihrem Klang zum Ganzen bei.

Im normalen Predigtgottesdienst werden vier Lieder gesungen. Jedes hat eine eigene Rolle. Als Eingangslied wird meist ein bekanntes Lied gewählt, das alle gut mitsingen können. Es kann auch einen besonderen Bezug zum Thema des Sonntags im Kirchenjahr haben. Es lohnt sich daher, bewusst auf die Textstrophen zu achten.

*Morgenlicht leuchtet,
rein wie am Anfang.
Frühlied der Amsel,
Schöpferlied klingt.
Dank für die Lieder,
Dank für den Morgen,
Dank für das Wort,
dem beides entspringt.*

*Jürgen Henkys, EG 455*

## 5. Eingangswort (Votum)

Jetzt erst wird das erste Wort vom Altar aus gesprochen. Die ganze Gemeinde steht dazu auf.

Feierlich spricht der Pfarrer bzw. die Pfarrerin das so genannte Votum: „Im Namen Gottes, des Vaters und des Sohnes und des Heiligen Geistes". Wir feiern nicht Gottesdienst in unserem Namen. Es ist nicht die Veranstaltung der Pfarrerin oder des Pfarrers. Wir kommen auch nicht auf Einladung einer Gemeinde zusammen. Im Namen des dreieinigen Gottes feiern wir Gottesdienst.

▪

*Pfarrerin:*

*Unser Anfang geschehe im Namen Gottes, des Vaters und des Sohnes und des Heiligen Geistes.*

*Gemeinde:*

A - men.

Das heißt: Über diesem Ort und dieser Zeit, die wir gemeinsam verbringen, wird der Name Gottes ausgerufen. Es ist Gottes Ort und Gottes Zeit. Hier gelten Gottes Spielregeln, alles Widergöttliche wird ausgegrenzt. Allein ihm sind wir zugewandt. Dieses Bekenntnis steht am Anfang. Es gibt dem Gottesdienst Würde und Verheißung.

Die Gemeinde bestätigt mit einem gesungenen „Amen" und sagt damit: „So sei es, so ist es." Danach setzt sich die Gemeinde.

Bei alten Gesängen in der Tradition des gregorianischen Chorals werden Noten ohne Hals verwendet. Soll eine Note lange ausgehalten werden, wird sie verdoppelt.

Das ist die ganze Begrüßung im Gottesdienst! Sie kann ergänzt werden durch persönliche Willkommensworte des Pfarrers. Aber das Entscheidende ist in diesen wenigen, alten Worten bereits gesagt.

# 6. Wochenspruch

Schon im Lauf der ersten Jahrhunderte der Kirche hat jeder Sonntag ein eigenes Thema bekommen, sodass alle wesentlichen Aspekte des christlichen Glaubens und Lebens einmal im Jahr im Gottesdienst vorkommen. Im Wochenspruch, der sich jedes Jahr wiederholt, ist dieses Thema aufgegriffen.

Ich kann mich auf das Thema des Gottesdienstes vorbereiten, indem ich im Gesangbuch den Abschnitt „Wegweiser durch das Kirchenjahr" aufschlage. Eine Einführung dort erklärt, wie Bibeltexte und Lieder zum jeweiligen Sonntag zu finden sind.

Die Wochensprüche haben ihren Ursprung in der Michaelsbruderschaft in den 20er Jahren des letzten Jahrhunderts und sind dann von den Kirchen in die gottesdienstliche Ordnung übernommen worden. Sie sind kurze bildhafte Bibelworte, die sich gut einprägen und uns in der ganzen Woche begleiten wollen.

■
*Christus spricht:
Ich war tot, und siehe, ich bin lebendig von Ewigkeit zu Ewigkeit
und habe die Schlüssel des Todes und der Hölle.*

*Offenbarung 1,18
(Wochenspruch für das Osterfest)*

## 7. Psalmgebet

Die Psalmen sind das Gebet- und Liederbuch der Bibel. Ursprünglich, das heißt in den jüdischen Gottesdiensten seit den Zeiten des Alten Testaments, wurden die Psalmen gesungen. Die Melodien sind nicht mehr erhalten, aber die Texte. Indem wir sie beten, treten wir ein in die lange Tradition des Volkes Gottes aus Altem und Neuem Testament.

Die Psalmen verleihen Gefühlen wie Freude und Trauer, Klage und Lob Worte. So kann man sie aussprechen, auch wenn man selbst keine passenden Worte findet.

Erst 1982 wurde das Psalmgebet im Wechsel in Württemberg eingeführt. Die Gemeinde spricht es im Stehen.

Das Sprechen im Wechsel erleichtert es, den Sinn der Worte aufzunehmen.

Die Psalmgebete schließen ab mit dem gesungenen „Ehr sei dem Vater". So wird deutlich: Lob und Klage, Dank und Bitte münden ein in das Lob Gottes, das sich fortsetzt bis „in den Himmel", über unsere Zeit hinaus. Alles Singen und Sagen dient zur Ehre Gottes.

Ehr sei dem Va-ter und dem Sohn

und dem Hei-li-gen Geist,

wie es war im An-fang,

jetzt und im-mer-dar

und von E-wig-keit zu E-wig-keit.

A-men, A- -men.

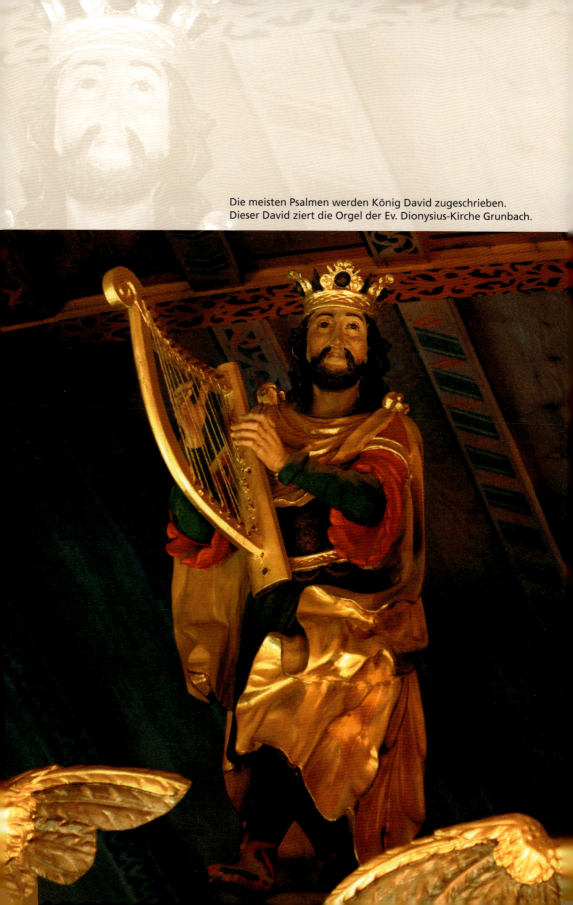

Die meisten Psalmen werden König David zugeschrieben. Dieser David ziert die Orgel der Ev. Dionysius-Kirche Grunbach.

# 8. Eingangsgebet und Stilles Gebet

Im Eingangsgebet redet die Gemeinde gemeinsam mit Gott. Die Pfarrerin spricht dieses Gebet zunächst vom Altar aus stellvertretend für die Gemeinde. Auch die Gemeinde steht als Ausdruck der Ehrfurcht vor Gott.

Eine württembergische Besonderheit ist das Stille Gebet. Während beim Eingangsgebet der Pfarrer für alle formulierte, kann ich jetzt in der Stille meine Bitten vor Gott bringen. Ich kann ihm sagen, was mich gerade bewegt bzw. die Woche über beschäftigt hat. Ich kann auch ein vorformuliertes Gebet sprechen, z.B. die Strophe eines Liedes (EG 166,2): „Ich bin, Herr, zu dir gekommen, komme du nun auch zu mir. Wo du Wohnung hast genommen, da ist lauter Himmel hier. Zieh in meinem Herzen ein, lass es deinen Tempel sein. Amen." Beim Stillen Gebet wendet sich die Pfarrerin dem Altar zu und bringt so zum Ausdruck: Die Gemeinde steht gemeinsam vor Gott.

Es kann eine Hilfe sein, beim Beten die Augen zu schließen, um sich ganz konzentrieren zu können.

Indem ich Gott meine Gedanken „ans Herz" lege, werde ich auch offen für das, was Gott mir sagen will.

Die Pfarrerin schließt das Stille Gebet ab. Die Gemeinde setzt sich wieder.

*Gott ist gegenwärtig.*
*Lasset uns anbeten*
*und in Ehrfurcht vor ihn treten.*
*Gott ist in der Mitten.*
*Alles in uns schweige*
*und sich innigst vor ihm beuge.*
*Wer ihn kennt, wer ihn nennt,*
*schlag die Augen nieder;*
*kommt, ergebt euch wieder.*

*Gerhard Tersteegen, EG 165,1*

Das „Auge Gottes" im Chorfenster der Johanneskirche in Crailsheim symbolisiert eindrucksvoll die Gegenwart Gottes.

# II. Verkündigung und Bekenntnis

Nun treten wir ein in den Hauptteil des Gottesdienstes: das Hören auf Gottes Wort, das Bekenntnis des Glaubens und das Hören auf die Bibelauslegung in der Predigt.

## 9. Schriftlesung

Während der Schriftlesung sitzt die Gemeinde. Für Christen aus anderen Landeskirchen ist dies ungewohnt. Dort saß man beim Gebet, steht aber nun während der Schriftlesung. Doch hier in Württemberg sitzt man und kann so aufmerksam zuhören.

Die Schriftlesung ergänzt den Predigttext. Wenn der Predigttext den Briefen des Neuen Testaments entnommen ist, ist die Schriftlesung entweder aus dem Alten Testament oder aus den Evangelien. Dadurch wird die Breite der biblischen Botschaft betont. Übrigens war es zur Zeit Jesu wichtig, dass immer zwei Abschnitte aus der Heiligen Schrift zitiert wurden. Denn aus zweier Zeugen Mund musste eine Sache bestätigt sein.

In manchen Gemeinden übernehmen Kirchengemeinderäte oder Konfirmanden die Schriftlesung. Dadurch wird deutlich, dass wir in der evangelischen Kirche das „Priestertum aller Glaubenden" haben, dass also jeder Christ die Bibel lesen und den Gottesdienst mitgestalten kann. So wird der Gottesdienst lebendig und die Gemeinde mit ihren vielen Gaben beteiligt.

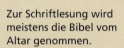

*Lasst uns aber wahrhaftig sein in der Liebe und wachsen in allen Stücken zu dem hin, der das Haupt ist, Christus.*

*Epheser 4,3–6.15*

Zur Schriftlesung wird meistens die Bibel vom Altar genommen.

Der Freudenstädter Lesepult aus dem 12. Jh. ist eines der ältesten Pulte. Es wird „getragen" von den vier Evangelisten, Matthäus, Markus, Lukas und Johannes.

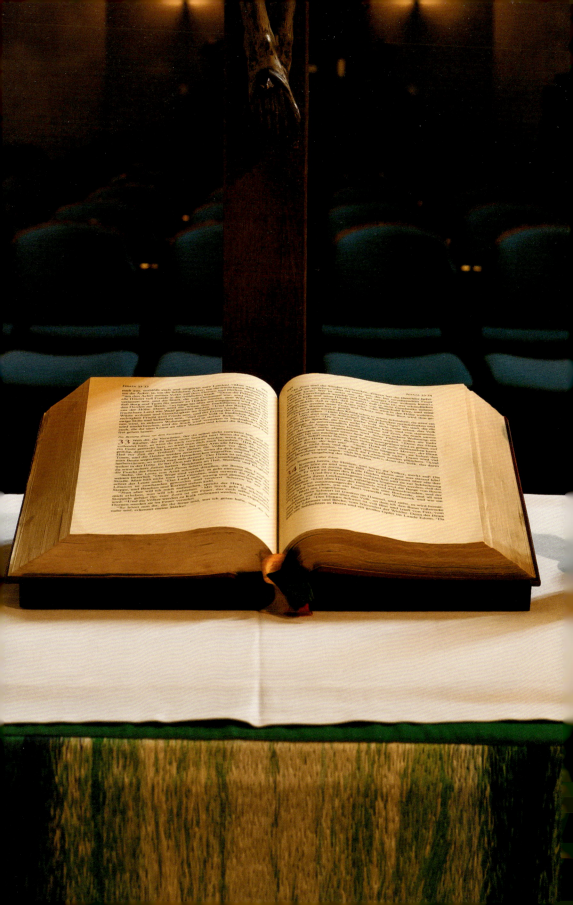

# 10. Glaubensbekenntnis

**Das Apostolische Glaubensbekenntnis**

Ich glaube an Gott,
den Vater, den Allmächtigen,
den Schöpfer des Himmels
und der Erde.

Und an Jesus Christus,
seinen eingeborenen Sohn,
unsern Herrn,
empfangen durch den Heiligen Geist,
geboren von der Jungfrau Maria,
gelitten unter Pontius Pilatus,
gekreuzigt, gestorben und begraben,
hinabgestiegen in das Reich des Todes,
am dritten Tage auferstanden
von den Toten,
aufgefahren in den Himmel;
er sitzt zur Rechten Gottes,
des allmächtigen Vaters;
von dort wird er kommen,
zu richten die Lebenden und die Toten.

Ich glaube an den Heiligen Geist,
die heilige christliche Kirche,
Gemeinschaft der Heiligen,
Vergebung der Sünden,
Auferstehung der Toten
und das ewige Leben.

Amen.

Auf die Schriftlesung antwortet die Gemeinde an Festtagen mit dem Glaubensbekenntnis. In der Regel wird bei uns das Apostolische Glaubensbekenntnis im Stehen gesprochen. Zu manchen Anlässen wird auch das nicänische Glaubensbekenntnis gesprochen, das uns mit der orthodoxen Kirche verbindet. Beide Bekenntnisse wurden in den ersten Jahrhunderten der Kirche als Zusammenfassung des christlichen Glaubens formuliert.

Wenn wir diese Bekenntnisse im Gottesdienst sprechen, dann bekennen wir auch, dass wir nicht die ersten sind, die glauben. Wir stellen uns vielmehr in die lange Reihe christlicher Zeugen. Es wird deutlich: Wenn Christen Gottesdienst feiern, treten sie ein in die umfassende Geschichte Gottes mit den Menschen. Es ist beruhigend zu wissen: Nicht ich bin es, mit dem die Welt steht und fällt. Ich bin ein Stein im großen Bauwerk Gottes, der von anderen getragen wird und wieder andere trägt.

Foto oben: Chor der Michaelskirche Schwäbisch Hall.

# 11. Wochenlied

Das zweite Lied der Gemeinde wird Wochenlied genannt. Es ist das Hauptlied des Gottesdienstes. Es entspricht dem jeweiligen Thema des Sonntags und seiner Bedeutung im Kirchenjahr. Das Wochenlied bestimmt daher – zusammen mit Wochenspruch, Lesung und Predigttext – den Charakter dieses Sonntags.

Weil sich die Wochenlieder jedes Jahr wiederholen, stellen sie eine Art Kernlieder unter den Liedern des Gesangbuches dar.

Die Angabe der Wochenlieder ist im Gesangbuch im Abschnitt „Wegweiser durch das Kirchenjahr" enthalten.

*Nun komm, der Heiden Heiland,
der Jungfrauen Kind erkannt,
dass sich wunder alle Welt,
Gott solch Geburt ihm bestellt.*

Martin Luther, EG 4

Das Wochenlied zum 1. Advent ist eines der ältesten Lieder der Christenheit. Die Melodie geht auf Ambrosius von Mailand um 386 nach Christus zurück.

# 12. Predigttext

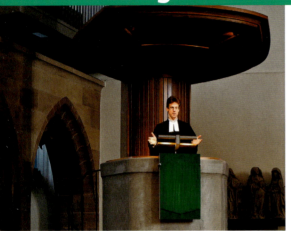

Die Stuttgarter Stiftskirche ist seit der Reformation die Hauptkirche Württembergs. Unter der Kanzel ist der Reformator Johannes Brenz begraben.

■

*So kommt der Glaube aus der Predigt, das Predigen aber durch das Wort Christi.*

*Römer 10,17*

Wie kommen die Predigttexte zustande? Pfarrerinnen und Pfarrer wählen sich ihre Predigttexte nicht selbst aus. In den Gliedkirchen der Evangelischen Kirche in Deutschland (EKD) gibt es sechs verschiedene Perikopenreihen – eine Perikope ist ein „herausgehauener" (so die Übersetzung des griechischen Wortes) Teil eines Textes. Diese sechs Reihen werden nacheinander gepredigt.

Zu diesen sechs kommen noch die beiden zusätzlichen Perikopenreihen der württembergischen Landeskirche, auf die man gegebenenfalls ausweichen kann. So wiederholt sich ein Predigttext frühestens nach sieben Jahren.

In der ersten, dritten und fünften Reihe sind besonders Texte aus den Evangelien aufgenommen, in der zweiten, vierten und sechsten Reihe hauptsächlich Texte aus den neutestamentlichen Briefen. Texte des Alten Testaments sind ab der dritten Reihe aufgenommen. So predigen die Pfarrer über alle Grundtexte der Heiligen Schrift. Die Vielfalt der biblischen Botschaft kommt so in den Gottesdiensten zur Sprache.

Alle Perikopenreihen sind im Gesangbuch im Abschnitt „Wegweiser durch das Kirchenjahr" verzeichnet.

## 13. Predigt

Der Apostel Paulus schreibt an die Römer: „Der Glaube kommt aus der Predigt". Das Wort „predigen" kommt vom lateinischen Wort praedicare und meint „das Reich Gottes vorweg ansagen". Das will also eine Predigt: sie ruft zum Glauben, stärkt ihn und eröffnet den Hörern den Horizont des Reiches Gottes.

Die Predigt steht in der Mitte des Gottesdienstes. Sie ist nicht das erste Wort, auch nicht das letzte. Doch sie hat ein besonderes Gewicht. Sie ist Anrede, Evangelium, Wort Gottes. Das große Vorbild evangelischer Predigt ist auf dem Reformationsaltar in der Stadtkirche Wittenberg zu sehen. Martin Luther steht auf der Kanzel, predigt und weist mit seiner Hand auf den gekreuzigten Jesus Christus hin. Gott schenkt mir in Jesus Christus alles: Er spricht mich gerecht, vergibt mir meine Schuld, macht mich zu seinem Kind und schenkt mir ewiges Leben. Das ist seit der Reformation Mitte und Inhalt der Predigt. Zugegeben, manchmal fällt es schwer, einer ganzen Predigt zu folgen. Doch wenn ein Gedanke, ein Wort in mir hängen bleibt und mich in die neue Woche begleitet, kann das schon hilfreich sein.

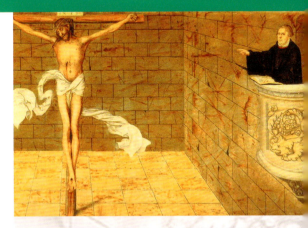

Martin Luther predigt in der Stadtkirche Wittenberg und weist auf den gekreuzigten Christus hin: Das Gemälde von Lucas Cranach setzt den Mittelpunkt evangelischer Predigt ins Bild.

■

*Wir sind es doch nicht, die da die Kirche erhalten könnten.*
*Unsere Vorfahren sind es auch nicht gewesen.*
*Unsere Nachfahren werden's auch nicht sein; sondern der ist's gewesen, ist's noch und wird's sein, der da sagt: „Ich bin bei euch alle Tage bis an das Ende der Welt", Matthäus 28,20.*

*Martin Luther*

# 14. Lied nach der Predigt

Auf das Wort (der Predigt) folgt die Antwort: Mit dem Lied nach der Predigt antwortet die Gemeinde auf das Gesagte. Deshalb wird das so genannte Predigtlied meist bewusst danach gewählt, dass sein Inhalt die Aussagen der Predigt ergänzend aufgreift.

Es ist interessant, die Liedstrophen einmal bewusst unter der Frage zu singen: Wie legen sie den Predigttext aus?

■ *Herr, dein Wort, die edle Gabe,*
*diesen Schatz erhalte mir;*
*denn ich zieh es aller Habe*
*und dem größten Reichtum für.*
*Wenn dein Wort nicht mehr soll gelten,*
*worauf soll der Glaube ruhn?*
*Mir ist's nicht um tausend Welten,*
*aber um dein Wort zu tun.*

Nikolaus Ludwig von Zinzendorf,
EG 198

# III. Fürbitte und Sendung

An dieser Stelle kann im württembergischen Gottesdienst die Feier der Sakramente (heilige Taufe oder heiliges Abendmahl) eingefügt werden. Danach beginnt der dritte Teil, mit dem sich die Gemeinde wieder gedanklich der Welt zuwendet.

## 15. Fürbittengebet

Zum Ende des Gottesdienstes hin wird unser Blick wieder in den Alltag hinausgeführt. Im Fürbittengebet bringen wir die Nöte und Probleme unserer Welt vor Gott.

Während ich beim Eingangsgebet darum bitte, alle Sorgen und Nöte loslassen zu können, nehme ich beim Fürbittengebet – neu gestärkt durch die Predigt – bewusst die Sorgen und Nöte in den Blick. Allerdings nicht nur meine eigenen, sondern auch die meiner Mitmenschen. Aktuelle Ereignisse, etwa Kriege oder Katastrophen, haben hier ebenso ihren Platz wie die Bitte für die Regierenden in Stadt, Land und Welt. Aber auch die Anliegen vor Ort gehören hierher: Trauer in der (Kirchen-)Gemeinde durch Krankheit, Leid und Sterben darf hier genauso vor Gott gebracht werden wie die Bitte um gutes Gelingen in den Gruppen und Kreisen, im Leben der Gemeinde.

Zwischen den einzelnen Bitten kann die Gemeinde ein gemeinsames „Herr, erbarme dich" sprechen oder als „Kyrie" singen. So nimmt sie das Gebet, das am Altar gesprochen wird, hörbar und bewusst als ihre Bitte auf.

*Wenn die Last der Welt dir zu schaffen macht, hört er dein Gebet. Wenn dich Furcht befällt vor der langen Nacht, hört er dein Gebet. Er hört dein Gebet, hört auf dein Gebet. Er versteht, was sein Kind bewegt. Gott hört dein Gebet.*

*Christoph Zehendner, EG 618*

# 16. Vaterunser

Das Fürbittengebet mündet in das Vaterunser. Es wird meistens eingeleitet mit „Gemeinsam beten wir …"

Wenn wir gemeinsam das Vaterunser beten, stellen wir uns in die Gemeinschaft aller Christen zu allen Zeiten. Überall auf der Welt wird dieses Gebet in den Gottesdiensten gebetet. Wir beten die Worte, die Jesus Christus selbst gelehrt hat. Sein Gebet wird unser Gebet.

In den ersten drei Bitten wenden wir uns ganz Gott zu. In den folgenden vier Bitten geht es um unser Leben.

Während des Vaterunsers läutet die Gebetsglocke. Kranke und andere Gemeindeglieder im Ort können jetzt mitbeten und wissen sich so in die Gemeinschaft der Glaubenden hineingenommen.

Vater unser im Himmel.
Geheiligt werde dein Name.
Dein Reich komme.
Dein Wille geschehe,
wie im Himmel, so auf Erden.
Unser tägliches Brot gib uns heute.
Und vergib uns unsere Schuld,
wie auch wir vergeben unsern Schuldigern.
Und führe uns nicht in Versuchung,
sondern erlöse uns von dem Bösen.
Denn dein ist das Reich und die Kraft und die Herrlichkeit in Ewigkeit.
Amen.

*Matthäus 6,33*

Πατερ ημων ο εν τοις ουρανοις (Griechisch)
Pater Noster, qui es in caelis (Lateinisch)
Our Father, who art in heaven (Englisch, tradionell)
Our Father in heaven (Englisch, modern)
Mi atyánk, aki a mennyekben vagy (Ungarisch)
Fader vår, som är i himmelen (Schwedisch)
Baba yetu uliye mbinguni (Suaheli)

Das Vaterunser verbindet uns mit den Christen auf der ganzen Welt.

# 17. Schlusslied

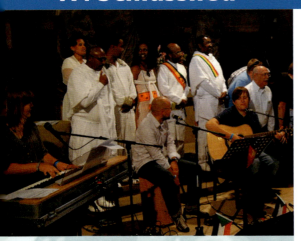

■
*Führe mich, o Herr, und leite meinen Gang nach deinem Wort; sei und bleibe du auch heute mein Beschützer und mein Hort. Nirgends als von dir allein kann ich recht bewahret sein.*

Heinrich Albert, EG 445,5

Durch den ganzen Gottesdienst zieht sich der Wechsel von Wort und Antwort, Lob- und Bittgebet, gesprochenem Wort und gesungenem Lied. Es ist auch gut, wenn bei den Liedern alte und neuere Lieder gesungen werden.

So haben wir Teil an den Glaubenserfahrungen der Christen durch alle Jahrhunderte und erleben, dass Glaube eine Wechselbeziehung ist zwischen Gott und Mensch und Mensch und Mitmensch. Diese Kommunikation mit Gott gibt uns Kraft für den Alltag und sensibilisiert uns für den Umgang mit unserem Nächsten.

# 18. Abkündigungen

Die so genannten Abkündigungen bilden den „Infoteil" des Gottesdienstes und sind damit eine Art Scharnier zum Alltag. Hier werden Gemeindeveranstaltungen, aber auch Taufen, Trauungen oder Beerdigungen bekannt gegeben. Bei Letzteren erhebt sich die Gemeinde als Ausdruck des Respekts und zur Fürbitte.

Auch der Opfer- bzw. Kollektenzweck wird in den Abkündigungen bekanntgegeben.

Damit die Abkündigungen nicht zu lang sind, gibt es in manchen Gemeinden einen Hinweiszettel mit den regelmäßigen Veranstaltungen.

*Wir haben Gottes Spuren festgestellt
auf unsern Menschenstraßen,
Liebe und Wärme in der kalten Welt,
Hoffnung, die wir fast vergaßen.*

*Zeichen und Wunder sahen wir geschehn
in längst vergangnen Tagen,
Gott wird auch unsre Wege gehn,
uns durch das Leben tragen.*

Michel Scouarnec/Diethard Zils, EG 656

## 19. Segen

**Pfarrerin:**

*Der HERR segne euch
und behüte euch.
Der HERR lasse sein Angesicht
leuchten über euch
und sei euch gnädig.
Der HERR erhebe sein Angesicht
auf euch und gebe euch Frieden.*

4. Mose 6,23–27

**Gemeinde:**

A-men, A-men, A-men.

Der Segen ist ein Höhepunkt und ein Abschluss des Sonntagsgottesdienstes. Das dreifache Amen markiert das Ende der ausschließlich Gott gewidmeten, d.h. geheiligten Zeit. Der Gottesdienst geht durch den Segen weiter im Alltag: Der Segen ist der Zuspruch, dass Gott selbst uns begleitet.

Meist wird der aaronitische Segen gesprochen; er ist nach Aaron, dem Bruder Moses benannt. Im aaronitischen Segen wird uns zugesagt, dass Gottes Angesicht über uns ist und uns freundlich zugewandt ist. Das darf ich am Ende des Gottesdienstes wissen: Wie eine fürsorgende Mutter kümmert sich Gott um uns. Gott selbst geht mir in dieser Woche voran. So ist der Gottesdienst am Sonntag verbunden mit dem Gottesdienst im Alltag. Der Sonnenstrahl der Gnade Gottes scheint hell in unser Leben.

In vielen Gemeinden wird der Segen eingeleitet mit der gesungenen Bitte um den Frieden (EG 421). In unserer unruhigen und bedrohten Welt gewinnt diese Bitte um den Frieden eine große Bedeutung. Sie gibt Geborgenheit und Heimat.

## 20. Nachspiel

Am Anfang und am Ende des Gottesdienstes wird Musik gespielt. Am Anfang dient sie zum Ankommen und „Einstimmen" – am Ende kann der Gottesdienst in mir nachklingen.

In vielen Gottesdiensten hören wir das Nachspiel sitzend. Ich kann nachdenken: Was habe ich in diesem Gottesdienst gehört? Was kann ich für mich „mitnehmen" in den Alltag?

*Friede sei mit euch!
Wie mich der Vater gesandt hat,
so sende ich euch.*

*Johannes 20,21–23*

## 21. Opfer/Kollekte

Historischer Opferstock in der Murrhardter Walterichskirche.

*Was ihr getan habt einem von diesen meinen geringsten Brüdern, das habt ihr mir getan.*

Matthäus 25,40

Schon in biblischen Zeiten gehörte zu Gemeindegottesdiensten auch das praktische Teilen mit den Bedürftigen. Die frohe Botschaft soll nicht nur ins Herz gehen, sondern auch „Hand und Fuß" bekommen. Deshalb wird in jedem Gottesdienst Geld für einen bestimmten Zweck gesammelt, der in den Abkündigungen mitgeteilt wurde.

Der sprichwörtliche Klingelbeutel hat in Württemberg ausgedient – in aller Regel sind die „Opferbüchsen" dezent links und rechts der Türen angebracht.

Der Gotteskasten, wie der Opferstock früher hieß, wurde bald nach der Reformation eingeführt, um die Werke der Nächstenliebe und Armenfürsorge zu finanzieren, die im Mittelalter von den Klöstern wahrgenommen wurden.

Mit dem Gottesdienstopfer werden heute viele Aktivitäten weit über die Gemeinden hinaus unterstützt.

# Nach dem Gottesdienst

Es ist eine schöne Sitte, dass die Menschen nach dem Gottesdienst auf dem Kirchplatz oder im Foyer noch miteinander reden und sich austauschen. Gemeinde lebt vom Gemeinsamen!

Christen begegnen einander. Wichtig ist, dass Menschen, die vielleicht zum ersten Mal in dieser Gemeinde sind, angesprochen werden. Und schön ist es, wenn sie spüren: Hier bin ich willkommen.

*Geh auf den andern zu.*
*Zum Ich gehört ein Du,*
*um Wir zu sagen.*
*Leg deine Rüstung ab.*
*Weil Gott uns Frieden gab,*
*kannst du ihn wagen.*

*Verlier nicht die Geduld.*
*Inmitten aller Schuld*
*ist Gott am Werke.*
*Denn der in Jesus Christ*
*ein Mensch geworden ist,*
*bleibt unsre Stärke.*

*Jochen Rieß, EG 659*

# Die Sakramente

Ein Sakrament ist nach der Definition Martin Luthers eine Verheißung Gottes, zu der ein sichtbares äußeres Zeichen kommt. Die Sakramente haben eine besondere Bedeutung im Leben der Christen: sie lassen die Verbindung zu Christus „mit allen Sinnen" erleben. In den evangelischen Kirchen gibt es zwei Sakramente: die heilige Taufe – diese ist einmalig – und das heilige Abendmahl – dieses wir immer wieder gefeiert.

## Die heilige Taufe

Bei der Taufe geht Gott mit dem Täufling einen Bund ein: er verspricht ihm, dass er in Jesus Christus ein gnädiger Gott ist, ihn sein ganzes Leben lang begleitet und ihm einmal ewiges Leben schenken will. Dafür erwartet er nichts anderes als Vertrauen.
In jedem Fall ist die Taufe etwas Einmaliges. Jede Taufe ist ein Fest für die ganze Gemeinde.

Bei der Taufe von kleinen Kindern wird besonders deutlich, dass Gottes Gnade längst vor unserem Handeln und Denken steht. Der Apostel Paulus schreibt im Römerbrief, dass Gott uns seine rechtfertigende Gnade schenkt, „als wir noch Sünder waren" (Röm 5,8). Wer glaubt, freut sich über seine Taufe und das Geschenk der Gnade Gottes.
So gehört der Glaube zur Taufe.

Bei der Taufhandlung wird als Schriftlesung der „Taufbefehl" aus Matthäus 28 gelesen, ebenso die Geschichte, die erzählt, wie Jesus die Kinder nicht als Störenfriede wegschickte, sondern sie segnete (Markus 10,13–16).

Indem das Glaubensbekenntnis gesprochen wird, wird deutlich, dass dieser Mensch in die Gemeinschaft der Kirche zu allen Zeiten aufgenommen wird. Wenn Kinder getauft werden, werden die Eltern und die Paten gefragt, ob sie wollen, dass ihr Kind auf den Namen Gottes des Vaters und des Sohnes und des Heiligen Geistes getauft wird. Ebenso werden sie gefragt, ob sie ihr Kind christlich erziehen wollen. Sie antworten: „Ja, mit Gottes Hilfe." Dann wird das Kind getauft, indem der Pfarrer den Kopf des Kindes drei Mal mit Wasser benetzt und es auf den Namen des dreieinigen Gottes tauft. Ein Segen, der mit einem Kreuzeszeichen auf die Stirn des Kindes gesprochen wird, schließt die Taufhandlung ab. Dann wird der Taufspruch vorgelesen. Paten bringen gerne eine Taufkerze mit, die an der Osterkerze angezündet wird. Damit wird deutlich, dass Jesus Christus das Licht ist, das diesem Menschen hell leuchten will.

Fließendes Wasser symbolisiert Leben im Unterschied zum stehenden Wasser in einer Zisterne.

Jesus Christus spricht:
Mir ist gegeben alle Gewalt
im Himmel und auf Erden.
Darum gehet hin und lehret alle Völker
und taufet sie auf den Namen des Vaters
und des Sohnes und des Heiligen Geistes
und lehret sie halten alles,
was ich euch befohlen habe.
Und siehe, ich bin bei euch alle Tage
bis an der Welt Ende.

Matthäus 28, 18–20

Die Taufe ist ein Sakrament und göttlich Wortzeichen, womit Gott, der Vater, durch Jesus Christus, seinen Sohn, samt dem Heiligen Geist bezeugt, dass er dem Getauften ein gnädiger Gott wolle sein und verzeihe ihm alle Sünden aus lauter Gnade um Jesu Christi willen und nehme ihn auf an Kindes Statt und zum Erben aller himmlischen Güter.

Johannes Brenz

# Das heilige Abendmahl

Früher wurde in Württemberg oft nur einmal im Jahr Abendmahl gefeiert, an Karfreitag oder Gründonnerstag. Doch in den letzten Jahrzehnten gewann das heilige Abendmahl wieder an Bedeutung. Heute wird in der Regel einmal im Monat das Abendmahl im Gottesdienst gefeiert, außerdem an den hohen Festtagen wie Weihnachten, Karfreitag, Ostern und Pfingsten.

Auch in den Formen hat sich vieles verändert: Heute steht weniger der Ernst, sondern mehr der festliche Charakter des Abendmahls und die Freude über die Gemeinschaft mit dem Auferstandenen im Mittelpunkt. Früher war man erst ab der Konfirmation zum Abendmahl zugelassen. Heute können wieder alle Getauften, also auch Kinder, am Abendmahl teilnehmen, so wie es ursprünglich üblich war.

Das heilige Abendmahl wird in unterschiedlichster Weise gefeiert: Das Brot besteht traditionell aus Oblaten, oft mit einem Christuszeichen geprägt. Es werden jedoch auch Brotstücke gereicht, oder ein Fladenbrot wird weitergegeben, und jeder bricht seinem Nachbarn ein Stück davon ab.

Anstelle von Wein gibt es oft Traubensaft. Es wird in der Regel gesagt, womit gefeiert wird. Der Gemeinschaftskelch veranschaulicht die Gemeinschaft der Glaubenden am besten. Die Verwendung von Einzelkelchen hat hygienische Vorteile. Immer beliebter wird die Form der Intinktion: Dabei wird das Brot in den Gemeinschaftskelch eingetaucht.

In den Elementen von Brot und Wein schenkt Jesus selbst sich uns und macht uns damit gewiss, dass er ganz für uns da ist. Er schenkt uns seine Gemeinschaft und damit auch die Gemeinschaft untereinander: Gemeinsam treten wir vor den Altar und empfangen seine Gaben. Seine Hingabe hat uns den Himmel erschlossen. Gerade im hl. Abendmahl wird dies deutlich.

So unterschiedlich Abendmahlsfeiern sind, das Austeilen von Brot und Wein wird immer mit den Worten aus 1. Korinther 14 eingeleitet.

Im hl. Abendmahl wird anders erfahrbar, was uns in der Predigt schon zugesagt wurde: Gott ist für uns da. Auch das Schuldbekenntnis und die Vergebung zeigen uns Gottes Güte. „Dir sind deine Sünden vergeben!" Was für eine Entlastung: Gott nimmt mir Lasten ab und schenkt mir neu seine Gemeinschaft. Es wird wahr, was in den Psalmen vor 3000 Jahren gesagt wurde: „Schmecket und sehet, wie freundlich der Herr ist; wohl dem, der auf ihn traut" (Psalm 34,9).

Im hl. Abendmahl werden wir daran erinnert, dass Jesus uns einmal zu seinem großen Abendmahl am Ende aller Zeiten einlädt.

So ist das hl. Abendmahl Wegzehrung auf dem Lebensweg, Hinweis auf Gottes Reich und Ausblick auf das Ziel unseres Lebens.
Nachdem wir das Abendmahl empfangen haben, loben wir Gott mit Worten aus dem 103. Psalm.

*Der Herr Jesus in der Nacht, da er verraten ward und mit seinen Jüngern zu Tische saß, nahm das Brot, sagte Dank und brach's, gab's seinen Jüngern und sprach:
„Nehmet hin und esset; das ist mein Leib, der für euch gegeben wird.
Das tut zu meinem Gedächtnis."
Desgleichen nach dem Mahl nahm er den Kelch, sagte Dank, gab ihnen den und sprach:
„Trinket alle daraus; das ist mein Blut des Neuen Bundes, das für euch und für viele vergossen wird zur Vergebung der Sünden.
Das tut zu meinem Gedächtnis."*

1. Korinther 14,23–25

*Lobe den Herrn, meine Seele, und was in mir ist, seinen heiligen Namen.
Lobe den Herrn, meine Seele, und vergiss nicht, was er dir Gutes getan hat:
der dir alle deine Sünden vergibt und heilet alle deine Gebrechen,
der dein Leben vom Verderben erlöst, der dich krönet mit Gnade und Barmherzigkeit.*

Aus Psalm 103

# Begriffe

**Albe:** Ein weißer Umhang, den Pfarrerinnen und Pfarrer beim Abendmahl und anderen festlichen Anlässen über dem Talar tragen.

**Altar:** Der Altar ist ein steinerner oder hölzerner Tisch für die Feier des heiligen Abendmahls. Oft steht er zwischen dem Hauptschiff und dem Chor. Auf dem Altar liegt die aufgeschlagene Altarbibel. Zum Altar gehören auch das Altarkreuz und die Altarkerzen.

**Altarkreuz:** Das Altarkreuz nimmt eine zentrale Stellung im Gottesdienstraum ein. Es kann über dem Altar hängen oder auf ihm stehen. Es erinnert daran, dass alles, was im Gottesdienst geschieht, unter diesem Zeichen des Heils steht: Der gekreuzigte und auferstandene Christus ist im Gottesdienst selbst anwesend und kommt den Menschen in seinem Wort und im Abendmahl nahe.

**Beffchen:** Bestandteil der Amtstracht des Pfarrers. Es diente ursprünglich zum Schutz des Talars vor Verschmutzung durch den Bart des Pfarrers.

**Chorraum:** Der Chor ist der Raum um den Altar bzw. hinter dem Altar. Alte Kirchen haben oft einen großen und schön gestalteten Chorraum, in dem früher Mönche und Priester ihre Stundengebete abhielten.

**Empore:** In den Zeiten, als der ganze Ort den Sonntagsgottesdienst besuchte, wurden große Balkone als weitere Sitzgelegenheiten geschaffen, die sog. Empore. Oft befindet sich auch die Orgel auf der Empore.

**Glocken:** Das Glockengeläut ruft die Gemeinde zum Gottesdienst. Verschiedene Glocken hatten verschiedene Aufgaben und informierten die Gemeinde in früheren Zeiten über die Tageszeit (Mittagsglocke, Betglocke) und Freuden- oder Trauerfälle (Taufglocke, Totenglocke). Der Ton wird entweder über einen Hammer erzeugt – z.B. zum Stundenschlag – oder durch Bewegung, wobei der Klöppel in der Glocke links und rechts anschlägt. Heute werden die meisten Geläute elektronisch programmiert und gesteuert.

**Kantor:** Das Wort Kantor kommt vom lateinischen cantare (= singen). Kantor und Organist sind ursprünglich zwei verschiedene Ämter. Im Lauf der Zeit wurde der Kantor aber auch zum Organisten, zum Chorleiter und so ganz allgemein zum „Kirchenmusiker". Das heutige Tätigkeitsfeld des Kirchenmusikers reicht vom gottesdienstlichen Orgelspiel bis zum Singen mit Kindern im Kindergarten über die Leitung von verschiedenen Chören, Instrumentalkreisen und Bands bis hin zur Organisation und Durchführung von Konzerten. In Württemberg werden die nebenberuflich tätigen Kirchenmusiker – je nach Aufgabenbereich – als „Organist und Chorleiter" bezeichnet. Hauptberufliche Kirchenmusiker tragen die Berufsbezeichnung „Kantor und Organist".

**Kanzel:** Von der Kanzel aus wird die Predigt gehalten. In vielen älteren Kirchen ist die Kanzel erhöht und in einer Säule eingelassen und muss über eine Treppe erreicht werden. Seit der Reformation ist die Kanzel in evangelischen Kirchen manchmal auch über dem Altar (so genannter Kanzelaltar), was die Predigt als Wort Gottes symbolisiert.

**Kerzen:** Auf dem Altar stehen Kerzen, die zu Beginn des Gottesdienstes entzündet werden. Sie erinnern an den Satz Jesu: „Ich bin das Licht der Welt" (Johannes 8,12).

**Kirchenschiff:** Schiff nennt man den Hauptraum einer längsgerichteten Kirche. Manche Kirchen haben neben dem Hauptschiff in der Mitte noch mehrere Seitenschiffe, die durch Säulen oder Pfeiler vom Hauptschiff abgegrenzt sind.

**Lesepult (Ambo):** In der katholischen Kirche wird vom Lesepult aus die Evangelienlesung gehalten. Im evangelischen Gottesdienst findet die Schriftlesung oft einfach vom Altar aus statt.

**Liturgie:** Der gesamte Gottesdienstablauf wird Liturgie genannt. Viele Teile der Liturgie sind in jedem Gottesdienst gleich. Dazu gehören die Nennung des dreieinigen Gottes am Anfang, das Vaterunser oder der Segen am Schluss. Andere Teile ändern sich von Gottesdienst zu Gottesdienst wie die Predigt, das Psalmgebet, die Lieder oder die Gebete.

**Mesner:** Mesnerinnen und Mesner sind verantwortlich für die Pflege und Erhaltung der kirchlichen Gebäude. Sie bereiten die Gottesdienste vor, indem sie die aktuellen Lieder anschlagen und bei Bedarf die Kirche heizen. Sie läuten die Glocken und pflegen die Altar- und Kanzelbehänge (Paramente). Sie kümmern sich um den Blumenschmuck und tragen so wesentlich zur Ausstrahlung kirchlicher Gebäude und des Gottesdienstes bei. Die meisten Mesnerinnen und Mesner tun ihren Dienst nebenamtlich.

**Oblaten:** Beim Abendmahl wird traditionell kein richtiges Brot verwendet, sondern so genannte Oblaten, die oft ein Christuszeichen eingeprägt haben.

**Parament:** Paramente werden die farbigen Tücher genannt, die an der Kanzel und an der Vorderseite des Altars hängen. Die Farbe des Paraments wechselt mit den Zeiten des Kirchenjahres.

**Prädikant:** Prädikanten werden in der württembergischen Landeskirche Menschen genannt, die anstelle eines Pfarrers ehrenamtlich den Gottesdienst leiten und predigen. Sie erhalten eine Ausbildung und werden dann für sechs Jahre beauftragt.

**Sakristei:** Die Sakristei ist ein kleiner Raum meist neben dem Chorraum der Kirche, in dem Abendmahlskelch, Paramente, Talar usw. aufbewahrt werden. Hier bereitet sich der Pfarrer auf den Gottesdienst vor.

**Stola:** Zu festlichen Anlässen können Pfarrerinnen und Pfarrer einen mit Symbolen geschmückten Schal über dem Talar tragen, die so genannte Stola.

**Talar:** Der Talar ist die Amtskleidung des Pfarrers bei Gottesdiensten. Er ist eine Art Überwurf, der über der normalen Kleidung getragen wird. Seine Wurzeln hat der Talar im akademischen Leben der mittelalterlichen Universitäten. Er wurde im 19. Jh. in der Kirche übernommen, um den Lehrcharakter des Gottesdienstes zu betonen. Auch Juristen und Professoren tragen bis heute Talare zu offiziellen Anlässen.

Seit vielen Jahrhunderten hat jeder Sonntag im Jahr ein bestimmtes Thema, sodass im Laufe ein Jahres alle wichtigen Themen des christlichen Glaubens und Lebens bedacht und gefeiert werde Anders als das Kalenderjahr beginnt das Kirchenjahr schon am 1. Advent und endet mit dem Totensonntag bzw. Ewigkeitssonntag, an dem der Verstorbenen gedacht wird und die Auferstehungshoffnung zum Ausdruck kommt.
Viele Namen im Kirchenjahr sind noch lateinisch; „Trinitatis" bedeutet zum Beispiel „Dreieinigke

Den Zeiten und Festen sind bestimmte Farben zugeordnet. Jede Farbe hat eine symbolische Bedeutung, die beim Verstehen des jeweiligen Themas hilft. Man sieht die jeweils geltende Farb an den Paramenten, dem Schmuck von Altar und Kanzel.

# Kirchenjahr

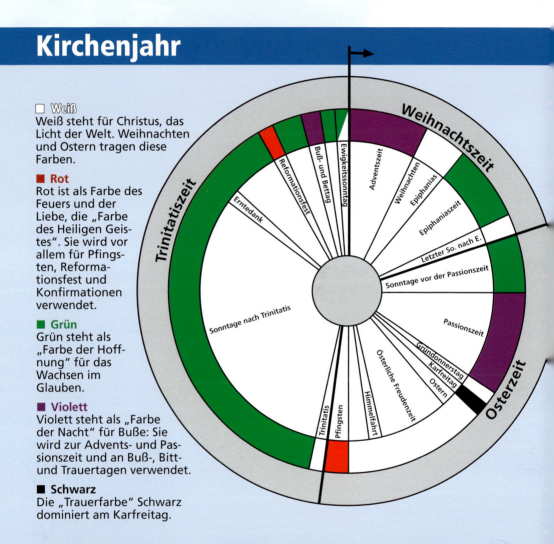

□ **Weiß**
Weiß steht für Christus, das Licht der Welt. Weihnachten und Ostern tragen diese Farben.

■ **Rot**
Rot ist als Farbe des Feuers und der Liebe, die „Farbe des Heiligen Geistes". Sie wird vor allem für Pfingsten, Reformationsfest und Konfirmationen verwendet.

■ **Grün**
Grün steht als „Farbe der Hoffnung" für das Wachsen im Glauben.

■ **Violett**
Violett steht als „Farbe der Nacht" für Buße: Sie wird zur Advents- und Passionszeit und an Buß-, Bitt- und Trauertagen verwendet.

■ **Schwarz**
Die „Trauerfarbe" Schwarz dominiert am Karfreitag.

An **Weihnachten**, dem bekanntesten christlichen Fest, feiern wir die Geburt Jesu. Dass Weihnachten heute oft als „Fest der Familie" im Bewusstsein ist, hängt damit zusammen. Entscheidend für den christlichen Glauben ist jedoch das Kind in der Krippe, das „Licht der Welt". Seine Ankunft wird symbolhaft dann gefeiert, wenn es am dunkelsten ist.

**Karfreitag und Ostern** sind die Hauptfeste der Christenheit. Am Karfreitag wird des Todes Jesu gedacht, an Ostern feiern wir seine Auferstehung.

An **Pfingsten** feiern wir das Geschenk des Heiligen Geistes, der die Kirche und jeden Christen tröstet und begleitet Deshalb wird Pfingsten auch als „Geburtstag der Kirche" bezeichnet.